F. Dorn
Illustrations : C. Wehrlin

MIEUX VIVRE AVEC SON ADO

Le cahier d'exercices qui vous veut du bien

esf EDITEUR

Directeur : Pierre-Olivier Bonfillon
Directrice éditoriale : Françoise Kerlo
Responsable d'édition : Virginie Hamelin
Chef de fabrication : Flora Bellanger

Mise en page : Chloé Sadoun, polnor@wanadoo.fr
Illustrations : Cléo Wehrlin

 Dépôt légal : octobre 2016

ISBN : 978-2-8104-1868-8

Imprimé en Pologne par Dimograf

MIXTE
Papier issu de sources responsables
FSC® C018236
FSC www.fsc.org

Dans la même collection

Apprivoiser son stress
Bien dormir
Être bien dans sa peau
Être heureux
Être un retraité heureux
Être zen
Faire durer l'amour
La méditation de pleine conscience
Méditer avec les enfants
Mieux se connaître
Mieux vivre ses émotions
Parents zen et enfants épanouis
Retrouver forme et vitalité
Réveiller sa créativité
Rire pour booster sa joie de vivre
S'affirmer en douceur
Vive les amoureux !

CRISE D'ADOLESCENCE OU ADONAISSANCE ?

DANS CETTE PÉRIODE DE MUTATION QUI A POUR CENTRE LA PUBERTÉ, LE JEUNE DOIT COUPER LE CORDON FAMILIAL POUR SE REMETTRE AU MONDE. IL RESSENT L'URGENCE DE SORTIR DU COCON FAMILIER ET D'AFFRONTER LES TURBULENCES EXTÉRIEURES POUR CONSTRUIRE SON IDENTITÉ.

Parents ou proches d'ados, vous assistez parfois démunis à cette bouleversante transformation : look, vocabulaire, copains, fêtes, amours, Internet, montagnes russes émotionnelles, provocations, mal être, recherche de sensations fortes...
Un entre-deux incertain et difficile qui vous inquiète.

Ce cahier vous propose des outils, des axes de réflexion pour aller à la rencontre de votre ado[1] et l'accompagner vers l'âge adulte avec respect, fermeté et bienveillance.

BON VOYAGE AU PAYS ÉPROUVANT MAIS SI ÉMOUVANT DES ADOLESCENTS !

« L'adolescence, c'est, en effet, une angoisse de mort dans une fièvre de résurrection. Le crépuscule de l'enfant et l'aurore de l'adulte. » **Françoise Dolto**

[1] « Ado » ou le pronom « il » désigne aussi bien les garçons que les filles.

LE BONHEUR EN HÉRITAGE

« Que souhaitez-vous le plus au monde ? »

À cette question, beaucoup de parents répondent spontanément : « Que mes enfants soient heureux ! »

D'après vous, quelles sont les attitudes mentales et comportementales qui favorisent cet épanouissement ?

Lesquelles pratiquez-vous avec votre ado ?

Quelles sont celles que vous aimeriez développer ?

CES RÉBUS VOUS PROPOSENT QUELQUES PISTES À EXPLORER. VOUS TROUVEREZ D'AUTRES INGRÉDIENTS POUR OPTIMISER VOTRE RELATION AU FIL DE CE CAHIER...

« Votre présence est le cadeau le plus précieux

que vous puissiez offrir à un autre être humain. » Marshall B. Rosenberg

MON ADO EST...

Lisez cette liste et complètez-la avec les adjectifs qui vous viennent à l'esprit quand vous pensez à votre ado :

Passionné Démotivé Mûr Timoré Doué Gentil Créatif
Fragile Débrouillard Courageux Empoté Aimable
Responsable Persévérant Stressé Joyeux Casse-cou Triste
Aventureux Complexé Confiant Réfléchi Impulsif Sociable
Méfiant Affectueux Secret Sensible Insatisfait Drôle
Ingrat Content Enthousiaste Désabusé Curieux Craintif
Frimeur Cyclotimique Généreux Agressif Timide Poli
Radin Impertinent Instable Agaçant Épanoui À vif
Susceptible Modeste Prétentieux Beau Pessimiste Sportif
Serviable Optimiste Perdu Ambitieux Solitaire Altruiste
Serein Distant Amoureux Blessé Farceur Menteur
Émerveillé ______________________________

____

____

____

« *Faire confiance à la vie. Oser y croire.*

1

2

Collez ici
une photo
de votre ado

3

4

5

Écrivez autour 5 adjectifs qui le caractérisent.

Et rallumer les étoiles. Une à une s'il le faut... > Elora Maisie

LES YEUX DU CŒUR

Vous vous sentez perdu(e) face aux profondes transformations de votre ado, et vous vous demandez quel serait le premier pas à poser sur sa drôle de planète ? **OFFREZ-LUI UN TEMPS DE PRÉSENCE PLEINE ET ENTIÈRE !**

Passez cinq à dix minutes par jour avec lui :

- Dans une écoute silencieuse et respectueuse.
- Dans une curiosité et une attention bienveillante par rapport à son univers.
- Le cœur grand ouvert, rayonnant d'amour et de gratitude envers la Vie...

Cet autre regard va vous permettre d'accueillir pleinement votre enfant et de l'accompagner positivement dans sa prise d'autonomie.

DISTINGUEZ VOTRE ADO DE SES COMPORTEMENTS

Choisissez un comportement qui vous inquiète ou vous agace chez votre ado. Puis partez à la rencontre de ses émotions, croyances et besoins.

LE COMPORTEMENT N'EST QUE LE SOMMET DE L'ICEBERG. C'EST SOUVENT À UN AUTRE NIVEAU QU'IL EST IMPORTANT D'INTERVENIR.

Le comportement que j'observe...
(Ex : refus de se laver)

L'émotion que je repère...
(Ex : peur de l'intimité)

La croyance que j'identifie...
(Ex : se trouve moche et croit qu'il n'intéresse personne)

Le besoin à l'origine de ces manifestations...
(Ex : besoin de muscler son estime de soi)

« On ne voit bien qu'avec le cœur, l'essentiel est invisible pour les yeux. » Antoine de Saint-Exupéry

CHANTIER EN CONSTRUCTION

Les repères de l'enfance s'éloignent... Votre ado traverse une vraie tempête hormonale et émotionnelle. Son corps se transforme, pas toujours harmonieusement... Il doit construire son identité à la fois sociale, affective et sexuelle.

Notez autour du dessin les modifications corporelles, émotionnelles et comportementales que vous observez chez votre teenager.

Avez-vous des peurs, des inquiétudes face à ces transformations ? Déposez-les dans le sac à soucis...

Amusez-vous maintenant à identifier les différents rôles qu'il pourrait investir au fil des mois. Comme s'il changeait de vêtements ou de masques pour trouver son identité (Ex : footballeur, chanteur, militant, geek...) :

« *La tête est ronde pour permettre à la pensée de changer de direction.* » *Francis Picabia*

PARLEZ-VOUS « DJEUN'S » ?

QU'EST-CE QUE CELA SIGNIFIE QUAND UN JEUNE DIT :

A : C'EST TROP DARD

1. C'est nul
2. C'est génial
3. J'ai été piqué par une guêpe

B : ATTENDS DESPI

1. Attends deux minutes, j'arrive
2. Dépêche-toi un peu, je suis en retard
3. Attends, je passe l'aspirateur

C : C'EST BÊTE DE PAS CHER

1. C'est complètement idiot
2. C'est très bon marché
3. C'est de la viande cascher

D : IL FAIT LA BOULE

1. Il ment
2. Il est vexé et fait la tête
3. Il est en colère et devient violent

E : IL M'A TROP AMBIANCÉ

1. Il m'a bien conseillé pour la déco de ma chambre
2. C'est un gai luron
3. Il m'a motivé

F : C'EST TROP MON COUP DE SOSS

1. Je suis un pro de la vinaigrette
2. C'est mon coup de cœur du moment
3. J'ai un sacré revers au tennis

G : JE SUIS EN CHIEN

1. Je suis fou de ma copine, complètement scotché
2. Je me suis déguisé en Médor pour la fête du lycée
3. Je me sens abandonné

Réponses A-2 B-1 C-2 D-1 E-3 F-2 G-3

Moins de 2 points : vous vous êtes affiché, mais d'une force !
3 à 5 points : ça le fait ! Continuez à vous entraîner.
6 ou 7 points : c'est trop stylé ! Bravo...

JE ME SOUVIENS...

NOTRE ADOLESCENCE PASSÉE INFLUENCE NOTRE MANIÈRE D'ACCUEILLIR CELLE DE NOTRE ENFANT.
REPENSEZ À CETTE PÉRIODE DE VOTRE VIE...

Quels ressentis, images, pensées en avez-vous gardés ?

- J'ai des souvenirs de liberté, de défis surmontés, de rires et d'amusement...
- Je retrouve des sensations de solitude, de conflits, de mal-être...
- C'est comme un entre-deux, une parenthèse...
- J'ai peu de souvenirs...
- Je me souviens surtout de ____________________

____

Y a-t-il une difficulté, une émotion, une blessure, un rêve inassouvi qui se réveille en écho à ce que vit actuellement votre ado ?

____

____

Que pouvez-vous faire pour prendre soin de cette part de vous-même ?

____

____

Votre propre vécu impacte t-il votre relation avec votre jeune ?

____

____

Pour dissocier vos histoires, identifiez quelques différences entre vous deux :
(Ex : Il est bien plus doué en maths que moi à son âge... Il est débrouillard... Il a plein de copains...)

____

____

ET SI VOUS ORGANISIEZ EN FAMILLE UNE SOIRÉE « JE ME SOUVIENS » POUR PARTAGER VOS PLUS BEAUX, ET POURQUOI PAS AUSSI VOS PIRES SOUVENIRS ?

Une excellente façon de clarifier le vécu de chacun pour éviter les répétitions inconscientes et partager vos expériences pour tisser une douce complicité...

« Toutes les grandes personnes ont d'abord été des enfants, mais peu d'entre elles s'en souviennent. » Antoine de Saint-Exupéry

L'AUTORITÉ

Vous recevez un appel du collège vous informant d'absences non justifiées. Au retour de votre enfant, vous lui dites...

A. Qu'est-ce qui t'a pris de sécher les cours ? Plus de sorties jusqu'à nouvel ordre !

B. J'étais mort(e) d'inquiétude ! J'ai téléphoné partout et pris RDV chez un psy.

C. Le collège m'a signalé tes absences. Je me suis inquiété(e). Que se passe-t-il ?

D. Sympa les sorties avec tes copains ? Ça me rappelle...

Vous trouvez une bouteille d'alcool dans sa chambre

A. Vous la confisquez et le punissez.

B. Vous paniquez, appelez votre conjoint, votre mère et votre médecin de famille.

C. Vous profitez d'un moment tranquille pour lui faire part de vos préoccupations et écouter son point de vue.

D. Sa précocité vous amuse et vous vous servez un petit verre.

Il veut se faire un tatouage ou des piercings

A. Vous refusez catégoriquement. Il devra attendre sa majorité.

B. Vous le prenez dans vos bras et lui expliquez que cela va lui faire mal.

C. Vous le questionnez sur ses motivations, ses connaissances sur le sujet. Vous lui donnez des infos et votre point de vue.

D. Vous lui demandez de vous montrer les modèles qu'il a choisis.

ET VOUS

Il joue sur l'ordinateur alors qu'il n'a pas rempli son dossier d'inscription pour la rentrée prochaine

A. Vous vous fâchez et éteignez son ordinateur. Au boulot !

B. Vous remplissez son dossier car vous connaissez bien ses besoins.

C. Vous lui demandez de vous rejoindre au salon pour échanger sur ses projets et l'aider à le compléter en cas de besoin.

D. Vous prenez une manette de jeu et lui lancez un défi à la console.

VOUS AVEZ UNE MAJORITÉ DE A : Le respect de l'autorité est une de vos valeurs clés et vous attendez que votre ado vous obéisse, de gré ou de force… Prenez garde à l'excès de contrôle qui entraîne souvent rébellion et opposition. Pour aider votre ado à grandir, musclez votre écoute, votre flexibilité et votre humour.

VOUS AVEZ UNE MAJORITÉ DE B : Vous êtes souvent inquiet(e) pour votre ado et avez envie de le protéger. Cela vous amène parfois à être « sauveur », à maintenir la dépendance. Attention, il risque d'étouffer dans ce cocon, d'être passif et de s'étioler. Faites-lui plus confiance, lâchez-prise et occupez-vous… de vous !

VOUS AVEZ UNE MAJORITÉ DE C : Vous savez que votre ado est en pleine métamorphose et qu'il a besoin de liberté, d'individualisation, mais aussi d'un cadre protecteur.
Vous recherchez la juste distance et privilégiez écoute, respect et bienveillance.
Les exercices de ce cahier vous aideront à renforcer cette posture positive.

VOUS AVEZ UNE MAJORITÉ DE D : Vous êtes plutôt du genre « parent-copain » et optez pour « laisser faire ». Vous privilégiez les moments de plaisir avec votre ado et votre sens de l'humour vous permet de relativiser bien des situations.
Mais votre rôle de parent est aussi de mettre un cadre, avec des règles à observer pour lui apprendre à gérer les contraintes et la frustration.

« Les racines de l'éducation sont amères, mais ses fruits sont doux. » Aristote

POSER DES LIMITES

LES LIMITES ONT DEUX FONCTIONS : PROTÉGER ET STRUCTURER LE TEMPS ET L'ESPACE. GRÂCE À ELLES, L'ADO SAURA QUELLE EST LA LIGNE ROUGE À NE PAS FRANCHIR ET LES SANCTIONS AUXQUELLES IL S'EXPOSE EN CAS DE PASSAGE À L'ACTE.

Une fois que vous aurez interdit certains comportements, il vous restera à garder une position ferme et cohérente : tenir bon malgré les inévitables coups de boutoir auxquelles la loi posée sera exposée et donner l'exemple en observant vous-même ces directives de vie.

FIXEZ LES RÈGLES DU JEU ENTRE PARENTS

Prenez un temps paisible pour vous mettre d'accord sur ce cadre protecteur.
Déterminez les comportements attendus et ceux que vous estimez inacceptables.

PUIS PRÉSENTEZ À VOTRE ADO CE CONTRAT DE VIE ET FINALISEZ ENSEMBLE VOTRE CODE DE LA ROUTE FAMILIAL.

(Ex : respecter l'espace de l'autre, partager les tâches ménagères, repas du soir en commun, pas de téléphone portable à table, Internet éteint à partir de 22h ...)

Réalisez un poster illustrant votre charte relationnelle et affichez-le dans votre pièce à vivre.

PENSEZ À LE RÉACTUALISER CHAQUE ANNÉE. Les règles vont ainsi évoluer, s'assouplir au fil des apprentissages et des choix de votre ado. Car la liberté s'apprend et se conjugue avec la responsabilité...

« Aucun jeu ne peut se jouer sans règles. » Vaclav Havel

HIT-PARADE DES CONFLITS

**LE PROCESSUS DE *SÉPARATION-INDIVIDUATION* EST LE PREMIER AXE QUI CARACTÉRISE L'ADOLESCENCE.
POUR SE SENTIR EXISTER, L'ADO A BESOIN DE TROUVER DE NOUVEAUX MODÈLES ET DE CONTESTER CEUX DE SA FAMILLE.**

La vie devient plus stressante avec les oppositions fréquentes de votre enfant en quête de sa nouvelle identité. Vous avez besoin de prendre du recul pour trouver des alternatives positives...

Mettez-vous en position d'observateur :
Notez les lieux et les circonstances de ces conflits.

« Il, elle, a du caractère, » dit-on avec admiration. Dieu merci, il y en a qui n'en ont pas. Cela évite bien des conflits ! » Michel Galabru

TERRAIN MINÉ

Sa chambre :
(Ex : décoration, désordre, propreté...)

La table :
(Ex : alimentation, horaires, services rendus...)

L'ordinateur, la télé, le téléphone portable :

La scolarité et les devoirs :

Les sorties :

Les copains :

Les frères et sœurs, la famille :

Autres situations :

APAISER LE CONFLIT

Vous avez délimité le champ de bataille et trouvé une situation particulièrement sensible :

LE CONFLIT QUE JE SOUHAITE RÉGLER :

Mais difficile de relativiser quand les émotions vous envahissent.
Et si pour calmer le jeu, vous considériez votre désaccord sous un autre angle de vue ?

CHANGEZ DE BASKETS !

Posez sur le sol 4 feuilles de papier sur lesquelles vous aurez dessiné des paires de chaussures : les vôtres, celles de votre ado, celles d'un observateur objectif et celles d'un martien regardant cette drôle de situation depuis la planète Mars.

Prêt(e) à faire un petit pas ? Action !
Entrez à tour de rôle dans la peau des protagonistes :

« Avant de critiquer un homme, marche un mile

Moi

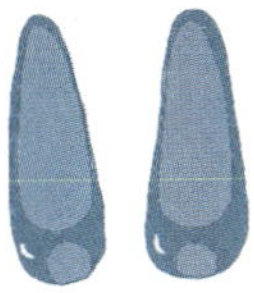

Installé(e) dans mes baskets :

Je me dis

Je ressens

J'ai besoin

Et je souhaite

Mon ado

Associé(e) à son histoire et à ses perceptions :

Je me dis

Je ressens

J'ai besoin

Et je souhaite

L'observateur

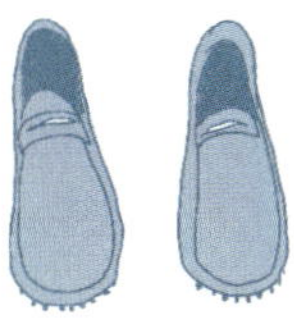

Dans cette position neutre et bienveillante :

Ce que je comprends de la situation

des besoins de chacun

Ce que je propose comme nouvelle option

Le Martien

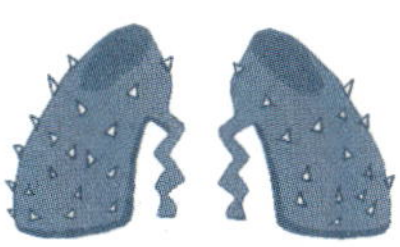

❀❈❒▼❙◆✲✾ ✄ ✄ ❀◗●✱❑◗❙✲❖✪■✌✌✌✌✚✝

Comment vous sentez-vous maintenant ?
Qu'avez-vous envie d'expérimenter ?

dans ses mocassins. » *Proverbe Amérindien*

CHACAL

Marshall Rosenberg, père de la Communication Non Violente®, a imaginé deux personnages, le chacal et la girafe, pour nous aider à sortir des conflits.

LE CHACAL est dans un rapport de force. Son langage est fait de critiques, de jugements négatifs, d'exigences, parfois de chantage et de manipulation.
LA GIRAFE observe sans juger. Elle accueille, exprime ses sentiments et ses besoins sans en faire porter la responsabilité à l'autre. Son langage est celui du cœur...

Parmi ces phrases, repérez celles que vous avez tendance à utiliser. D'après vous, est-ce un langage chacal ou girafe ?

1. Il y a des choses que tu dois faire, que ça te plaise ou non !
2. Tu es un sacré paresseux ! Je comprends pourquoi tu as de si mauvaises notes.
3. Comment, on ne t'a pas appris cela à l'école ? ! De mon temps les profs étaient plus consciencieux.
4. Je t'ai frappé parce que j'étais exaspéré par l'état de ta chambre. Fais un effort pour ranger !
5. Je suis épuisée par ta mauvaise humeur.

Toutes ces phrases sont du langage chacal ! D'après-vous, qu'aurait dit la girafe pour chaque situation ?

OU GIRAFE ?

Pour éviter les conflits, utilisez ce canevas en 4 étapes pour communiquer avec efficacité :

OBSERVEZ LES FAITS SANS JUGER :

Quand je t'entends dire cela ______

RESSENTEZ VOTRE ÉMOTION ET EXPRIMEZ-LA :

Je me sens ______

ÉNONCEZ VOTRE BESOIN :

Parce que j'ai besoin de ______

FORMULEZ VOTRE DEMANDE D'ACTION CONCRÈTE :

Et je te demande de ______

« Ados : graines d'hommes et de femmes dont on espère améliorer la pousse en les arrosant de reproches. » Philippe Bouvard

KEEP CALM

Vous manquez d'avoir une syncope en ouvrant la porte de la chambre de votre ado ou son carnet de notes, en découvrant le look de son meilleur copain ou son dernier achat. Votre sang ne fait qu'un tour face à ses explorations en tous genres ? Il est urgent de retrouver votre calme.
Pour cela, choisissez de pratiquer l'un de ces deux exercices…

La marche méditative
Quand vous sentez poindre la colère, marchez tranquillement en vous aidant de cette proposition du maître zen Thich Nhat Hanh :
J'inspire, je sais que la colère est là.
J'expire, je sais que la colère est en moi.
J'inspire, je sais que la colère est désagréable.
J'expire, je sais que ce sentiment va passer.
J'inspire, je suis calme.
J'expire, je suis assez fort pour prendre soin de cette colère.

« Pour chaque minute où vous êtes en colère, vous perdez

Décomptez en souriant

Arrêtez-vous quand vous sentez la colère monter et installez-vous dans un endroit paisible. Fermez les yeux et prenez une longue inspiration en comptant mentalement jusqu'à 10. Puis expirez l'air en souriant.

À chaque nouvelle respiration, prenez conscience des tensions de votre corps et des pensées qui vous traversent l'esprit... Accueillez-les avec bienveillance, comme des messagères, et laissez-les passer comme des nuages dans le ciel... Le sourire donne le signal que la situation est sous contrôle... par ce lâcher prise ! Ce qui vous permet de récupérer l'usage des fonctions supérieures de votre cerveau pour agir de façon constructive...

soixante secondes de bonheur. » ***Ralph Waldo Emerson***

LIBÉRÉE...

Si vous vous sentez de moins en moins libre dans votre vie, si vous vivez mal vos obligations parentales et vos devoirs éducatifs, faites l'exercice de la marionnette à fils :

Dessinez ou collez dans ce cadre l'image d'une marionnette.

DÉLIVRÉE...

Listez toutes les contraintes qui vous empêchent de vous sentir libre. Chaque fois que vous en avez identifié une, dessinez au crayon un fil à la marionnette.

Lorsque vous estimez avoir fini, fermez les yeux et imaginez que vous êtes cette marionnette. Sentez les fils qui entravent vos mouvements.

Puis pour chaque contrainte, cherchez une solution pour la réduire. Gommez un fil chaque fois que vous trouvez une alternative positive.

Quand vous avez coupé tous les fils, entrez en contact avec votre ressenti de libération. Savourez !

MES CONTRAINTES
(Ex : préparer à manger tous les soirs)

MES SOLUTIONS
(Ex : chacun est responsable du dîner à tour de rôle)

« En plein cœur de toute difficulté se cache une possibilité. »
Albert Einstein

TRANSGRESSER

Son besoin d'autonomie, son envie d'affirmer sa liberté poussent parfois votre ado à bousculer l'ordre établi et à vous provoquer, comme s'il disait : *« Tout me semble possible, alors j'expérimente tout ! »*

Surlignez les comportements, les passages à l'acte ou les défis extrêmes que vous avez observés :

COMPORTEMENTS : désobéir, mentir, dissimuler, manipuler, fuguer, actes de violence, échec scolaire...

ABÎMER SON CORPS : piercing, tatouage, boulimie, anorexie, scarification, tentative de suicide...

DÉPENDANCES : internet, réseaux sociaux, télé, jeux vidéo, téléphone portable, alcool, tabac, drogue, médicaments...

CONDUITES À RISQUES : sexualité non protégée, vitesse en deux roues ou en voiture, sports extrêmes, vol, racket...

POUR SE SENTIR EXISTER

À votre avis, s'agissait-il d'une expérience, d'une provocation ou d'un appel à l'aide ?

Comment avez-vous géré cette situation ?

Ce qui a bien marché :

Ce qui a moins bien marché :

Ce que vous avez appris :

VOTRE ADO ATTEND SOUVENT UN « ACCUSÉ RÉCEPTION » DE VOTRE PART FACE À SES EXCÈS. TRANSGRESSER DES RÈGLES EST ALORS UN MOYEN DE VÉRIFIER QU'IL N'EST PAS TOTALEMENT LIVRÉ À LUI-MÊME ET QUE VOUS ASSUREZ SA PROTECTION !

« Nous découvrons ce qu'il faut faire en faisant ce qu'il ne faut pas faire. » Sénèque

ÉCHEC OU APPRENTISSAGE ?

La vie de votre enfant est remplie d'expériences où il peut rater sa cible et qui peuvent l'amener à perdre confiance en lui : examen scolaire, épreuve sportive, conquête amoureuse, nouveau groupe d'amis....
Si la confiance grandit avec la réussite, elle est aussi nourrie par la capacité à considérer les échecs comme l'opportunité de nouveaux apprentissages.

Repensez à ces dernières semaines et notez un évènement que votre ado a mal vécu :

Situation	Perception de votre ado	Sa conclusion
Ex : Tom n'a pas été sélectionné pour le tournoi de tennis.	Il doute de ses capacités sportives.	Il décide d'arrêter le sport.

Comment l'aider à nourrir sa confiance, même en situation difficile ?

1. Accompagnez avec empathie ses émotions (tristesse, colère, peur, découragement...) et sa déception.
2. Clarifiez avec lui, sans jugement, ce qui est à l'origine de cet échec et ce qu'il en apprend.
3. Trouvez des pistes à explorer pour avancer avec confiance.

À vous de jouer !

Situation	Que s'est-il passé ?	Pistes d'action
Ex : Tom n'a pas été sélectionné pour le tournoi de tennis.	Il y a d'excellents joueurs au club cette année et il a été peu assidu à l'entraînement.	Il va s'entraîner avec un copain, plus pour le plaisir que pour la compétition.

« L'échec est seulement l'opportunité de recommencer de façon plus intelligente. » Henry Ford

L'ÂGE DES COMPLEXES

Nez trop grand, seins volumineux, biceps raplaplas, poils en folie, acné florissant ou appareil dentaire de requin... Face à ce corps qui se métamorphose et échappe à son contrôle, surgissent les doutes, les angoisses et les complexes.
Comme il ne se plaît plus, il cherche à se plaire dans le regard des autres et la bande de copains devient le miroir vivant qu'il interroge sans cesse : « Suis-je beau, aimable, digne d'intérêt ? »

Quelle partie du corps de votre ado est la cible de son autodénigrement ?

Comment réagissez-vous face à ces complexes ?

TROUVER LES BONS MOTS N'EST PAS UNE MISSION AISÉE POUR LES PARENTS. S'ILS COMPATISSENT TROP, LE JEUNE EN DÉDUIT QUE SON PROBLÈME EST GRAVE. S'ILS CHERCHENT À RELATIVISER EN FAISANT DE L'HUMOUR, IL SE SENT NIÉ DANS SA SOUFFRANCE.

LA SOLUTION ?

Opter pour une attitude compréhensive mais rationnelle et positive : « Tu es en pleine croissance, ton corps va encore changer et s'harmoniser. Tu as plein d'autres atouts à mettre en valeur... »

Si vous avez envie de surprotéger votre enfant pour atténuer la souffrance de cette douloureuse transformation, souvenez-vous de la métaphore de la chrysalide...

« Un homme, voyant un papillon lutter pour se libérer
de son cocon, voulut l'aider.
Il écarta avec beaucoup de douceur les filaments
pour dégager une ouverture.
Le papillon libéré sortit du cocon et battit des ailes,
mais ne put s'envoler.
Ce qu'ignorait cette personne compatissante,
c'est que c'est seulement au travers du combat pour la naissance
que les ailes peuvent devenir suffisamment fortes pour l'envol.
Sa vie raccourcie, il la passa à terre.
Jamais il ne connut la liberté,
jamais il ne vécut réellement. »

« Le bambou existe au-dessus et en dessous de son nœud. » Koan zen

LE MIROIR POSITIF

Si vous vous sentez démuni(e) pour répondre positivement aux dévalorisations de votre ado, entraînez-vous avec ces phrases :

Quand il dit…

Je suis bête !

C'est trop dur !

J'abandonne !

Je suis incapable de faire des maths, de l'anglais…

Je n'y arriverai jamais tout(e) seul(e) !

Ma solution n'a pas fonctionné, mon plan A était nul !

Je suis mauvais(e) en sport!

Les autres sont plus intelligents que moi !

« Écouter la forêt qui pousse plutôt que l'arbre qui tombe. »
Friedrich Hegel

...Trouvez ensemble une formulation positive !

Exemples :

Il existe plusieurs formes d'intelligence. Je vais découvrir les miennes.

Avec du temps et des efforts, je vais y arriver.

Je vais utiliser une autre stratégie et progresser pas à pas.

Je vais entraîner mon cerveau à développer mon esprit logique avec des jeux et des exercices.

Où trouver des ressources pour avancer ? Qui pourrait me donner ces infos ?

Il reste 25 lettres dans l'alphabet ! Je passe au plan B !

De quoi ai-je besoin pour progresser ?

Quels autres ? Comment font-ils pour réussir ? Et si je modélisais une de leurs stratégies pour l'utiliser ?

JEU DU MOI

Petit voyage intérieur à partager en tête à tête, en famille ou avec des amis...
Objectifs ?
Apprendre à mieux se connaître pour améliorer l'estime de soi, oser se montrer aux autres et accepter ce que l'on est...

« Deviens qui tu es. » **Nietzsche**

1 Livre Fétiche
2 Acteur Favori
3 Chanson, musique préférée
4 Un rêve
5 Animal chouchou
6 Ce que j'aime dans mon corps
7 Plat favori
8 Jeu préféré
9 Projet motivant
Homme ou Femme de mes rêves
Ce que je préfère chez les autres
25 Mon pire échec
24 Ce que je déteste faire
23 Ce que je possède de plus important
22 Un complexe
21 Mon meilleur souvenir
20 Un défaut
19 Série ou Film préféré
Quelque chose de dangereux
Vacances idéales
32 Une colère
33 La Personne Que J'admire le plus
34 Mon futur métier
Un Jour, Je serai...
0/20
Pop corn

PERMETTRE

LISEZ CES PHRASES ET DEMANDEZ-VOUS : « QUELLE PERMISSION AIDERAIT MON ADO À S'ÉPANOUIR PLEINEMENT ? »

IL A BESOIN DE S'AFFIRMER

« J'ai le droit d'être différent. »

« J'ai le droit d'être moi et d'exister. »

« J'ai le droit à l'intimité. »

« J'ai le droit d'être en contact avec mes émotions (colère, peur, tristesse, joie...) et de les exprimer. »

« J'ai le droit d'avoir des désirs et des envies. »

« J'ai le droit d'avoir mes propres idées. »

« J'ai le droit d'écouter mon cœur. »

« Je choisis de faire ce que j'aime. »

IL A BESOIN DE FAIRE CONFIANCE À SES COMPÉTENCES

« Je suis capable. »

« Je peux le faire. »

« J'ai en moi les ressources pour réussir. »

« Il est important de se tromper pour apprendre. »

« Plus je m'exercerai, plus je serai compétent. »

« J'ai le droit de ne pas être parfait. »

« J'ai le droit de faire des erreurs. »

« J'ai du potentiel que je ne connais pas encore. »

« Je me donne la permission de réussir. »

« J'ai le droit d'avancer pas à pas. »

« J'ai conscience de mes forces et de mes faiblesses. J'utilise les unes et je travaille aux autres en toute sérénité. »

AU LIEU D'INTERDIRE

IL A BESOIN DE DÉVELOPPER LA CONFIANCE RELATIONNELLE

« Je peux aller vers les autres. »

« J'ai le droit d'avoir ma place. »

« J'ai autant de valeur que les autres. »

« J'ai le droit de m'exprimer et je peux le faire sans violence ni accusation. »

« J'ai le droit de demander, de donner, de recevoir, de refuser. »

« J'ai le droit d'accorder ma confiance. »

« Je me donne la permission d'appartenir à un groupe. »

La permission du jour que vous choisissez de lui offrir :

Relisez cette page de temps en temps pour une nouvelle cueillette pour votre ado... et peut-être aussi pour vous !

« Faites-vous confiance et vous saurez comment vivre. »
Goethe

BOOSTER L'ESTIME DE SOI

POUR RENFORCER ESTIME ET CONFIANCE EN SOI, VOTRE ADO A BESOIN DE RECEVOIR DE LA RECONNAISSANCE. SURPRENEZ-LE AVEC CET ACROSTICHE D'AMOUR !

Jouez avec chaque lettre de son prénom pour nommer ses qualités, ses points forts et ses talents.
Décorez chaque initiale d'enluminures pour ajouter une petite dose esthétique à votre présent :

Affectueux
Number one en sudoku
Tolérant
Optimiste
Négociateur émérite
Intuitif
Naufrageur des cœurs

☐ ____________________

☐ ____________________

☐ ____________________

☐ ____________________

☐ ____________________

☐ ____________________

OFFREZ-LUI UNE DOUCHE TENDRE...

Exercice à faire en famille ou avec un groupe d'amis. Bénéfique pour petits et grands !

Votre jeune s'assoit au centre du cercle formé par les participants. Il ferme les yeux, reste silencieux et chacun vient dire ce qu'il lui trouve de positif et les moments partagés qui ont rendu la vie plus belle. Il laisse ensuite sa place à une autre personne qui reçoit à son tour.

... OU UN SELFIE

Demandez à votre teenager de vous envoyer son selfie préféré. Collez cette photo sur une grande feuille cartonnée. Sa tribu du cœur va écrire ou dessiner tout autour ce qu'elle aime particulièrement. Faites-lui cadeau de ce poster lorsque son moral fait grise mine...

« Le plus beau cadeau que l'on puisse faire à un enfant, n'est pas tant de l'aimer, que de lui apprendre à s'aimer. »

Jacques Salomé

LA PUISSANCE DE L'HUMOUR

RIEN DE TEL QU'UN PEU D'HUMOUR POUR DÉDRAMATISER, SUSCITER LA SURPRISE ET DÉSARMER LES RÉSISTANCES DES ADOLESCENTS.
C'est un allié précieux pour favoriser la coopération et apporter un peu de légèreté dans les relations quotidiennes.

Quelle(s) situation(s) avez-vous débloquée(s) / allez-vous débloquer en utilisant le rire et l'humour ?

COMMENT VOULEZ-VOUS QUE NOS ENFANTS NOUS ÉCOUTENT :

Tarzan vit à moitié à poil

Cendrillon rentre à minuit

Pinocchio passe son temps à mentir

Aladin est le roi des voleurs

Batman conduit à 320km/h

La belle au bois dormant est une flemmarde

Blanche Neige vit avec 7 mecs

Le petit Chaperon Rouge n'écoute pas sa mère

Sans oublier Astérix qui se dope à la potion magique fournie par un dealer qui est le curé du village !

LE COIN DES BLAGUES

Coucou fiston !,
Je rentrerai tard ce soir.
Je te laisse 30 euros pour manger et pour le film
que tu voulais voir. Mais j'ai caché l'argent dans ta chambre ;)
Range-la et tu les trouveras... Bonne soirée mon chéri ;)
Maman

Un père demande à son fils :
- Dis-moi Kevin, pourquoi est-ce que tu ne m'as pas encore donné ton bulletin ?
- Je l'ai prêté à un copain qui voulait faire peur à sa mère !

Notez-ici une blague à raconter à votre ado :

« L'humour est le déguisement sous lequel l'émotion peut affronter le monde extérieur. »

Tony Mayer

LE TEMPS DES SECRETS...

VOTRE ADO A BESOIN DE TERRITOIRE ET D'ESPACE À LUI POUR SON PROJET D'AUTONOMIE EN MARCHE. DOMAINE DE L'INTIME QUI CONCERNE EN PARTICULIER SON CORPS, SA CHAMBRE, SES COPAINS, SES AMOURS...

Respectez-vous sa pudeur, son territoire, ses explorations affectives et sociales ?

___

___

___

SACHEZ TROUVER LA BONNE DISTANCE, NI TROP PRÈS, NI TROP LOIN !

Le défi pour les parents est de savoir rester présents sans être inquisiteurs, de respecter son intimité et ses secrets. Plutôt que de chercher à savoir si votre ado a déjà pris « une cuite », fumé du « hasch » en jetant un coup d'œil dans son journal intime ou son téléphone, rappelez-lui les règles avec fermeté et bienveillance.

... ET DES AMOURS

VOTRE ADO NE VOUS PARLE PAS DE SES EXPÉRIENCES SEXUELLES NI DE SES RELATIONS AMOUREUSES ? C'EST NORMAL, VOIRE SOUHAITABLE. GARDEZ VOTRE PORTE OUVERTE POUR LES INFOS, OU LES CONSEILS... S'IL VOUS LE DEMANDE !

Comment réagissez-vous face à l'éveil de sa sexualité ?

Repérez vos jugements qui pourraient être des freins pour sa vie amoureuse.
(Ex : tous des anormaux ces homosexuels ! Avec ces fringues sexy, tu ressembles à une pouf !)

PENSEZ À UTILISER LE MESSAGE « JE » PLUTOT QUE LE « TU » ACCUSATEUR.

(Ex : je suis mal à l'aise quand je te vois avec cette robe sexy...)
Vous assumerez ainsi votre rôle protecteur, tout en lui permettant de suivre son chemin, qui est différent du vôtre !

« L'adolescence commence le jour où, lorsqu'il suit un western à la télévision, un enfant préfère voir le cow-boy embrasser l'héroïne plutôt que son cheval. » Myriam Elison

TOUS INTELLIGENTS !

LE PSYCHOLOGUE AMÉRICAIN HOWARD GARDNER A IDENTIFIÉ QUE NOUS POSSÉDIONS HUIT FORMES D'INTELLIGENCE, APPELÉES « INTELLIGENCES MULTIPLES ».

Nos expériences éducatives, sociales et culturelles nous amènent à privilégier deux à quatre d'entre elles.

Repérer le profil de votre enfant va lui permettre de mobiliser ses capacités et ses forces personnelles.
Il pourra choisir ses stratégies d'apprentissage, prendre confiance en lui et s'épanouir.

Repensez aux comportements de votre ado. Observez ce qui le rend heureux et motivé.

Puis entourez sur le dessin les formes d'intelligence qu'il a développées. Vérifiez votre perception avec le test de la page suivante.

« Tout le monde est un génie. Mais si vous jugez un poisson sur sa capacité à grimper aux arbres, il passera sa vie à croire qu'il est stupide. » Albert Einstein

$\sqrt{6973} =$
CORPORELLE/KINESTHÉSIQUE
VERBALE/LINGUISTIQUE
LOGIQUE/MATHÉMATIQUE
MUSICALE/RYTHMIQUE
VISUELLE/SPATIALE
INTERPERSONNELLE
INTRAPERSONNELLE
NATURALISTE

RENCONTRES D'INTELLIGENCES

Cochez les affirmations qui semblent correspondre à votre ado.
Échangez avec lui sur ce test pour mettre en lumière ses capacités ou pour l'inviter à stimuler l'une de ses formes d'intelligence pour vivre mieux ensemble.

	Vrai
Il se sent concerné par les sujets écologiques.	
Il est sollicité pour apaiser des conflits.	
Il a besoin de bouger.	
Il s'isole pour réfléchir et travailler.	
Il est bavard, volubile et aime raconter des anecdotes.	
Il fredonne et chante fréquemment.	
Il aime le calcul mental.	
Il prend régulièrement des nouvelles de ses amis.	
Il se remet souvent en question.	
Il collectionne les pierres, insectes, plantes...	
Il reconnait une chanson dès les premières notes.	
Il affectionne les casse-tête, énigmes et jeux de réflexion.	
Il tient un blog, écrit des histoires ou des articles.	
Il a un bon sens de l'orientation et aime regarder des cartes géographiques.	

	Vrai
Il aime les sports extrêmes.	
Il préfère être à l'extérieur qu'à l'intérieur.	
Il privilégie les sports d'équipe aux sports individuels ou il aime travailler en groupe.	
Il pratique des jeux de construction, fait des puzzles ou joue avec les couleurs.	
Il participe à des débats et discussions.	
Il aime le travail manuel.	
Il travaille en écoutant de la musique.	
Il a une excellente mémoire visuelle.	
Il saisit rapidement les relations de cause à effet.	
Il ne se laisse pas influencer facilement par les autres.	

Corporelle/Kinesthésique. Logique/Mathématique. Visuelle/Spatiale. Verbale/Linguistique. Musicale/Rythmique. Interpersonnelle. Intrapersonnelle. Naturaliste.

ALIMENTATION,

Notre société fait la promotion de la minceur, voire de la maigreur. Tendance qui peut s'avérer dangereuse pour nos ados, en particulier les filles. Un régime est-il une **SIMPLE COQUETTERIE** ou un début de **TROUBLE DU COMPORTEMENT ALIMENTAIRE** ?

POUR VOUS AIDER À FAIRE LA PART DES CHOSES, IMAGINEZ UN TABLEAU DE BORD, COMME CELUI D'UNE VOITURE.

Puis surlignez les clignotants allumés qui signalent peut-être que votre ado a besoin d'aide :

ANOREXIE

- Maigre, elle se voit grosse. Son image de soi est distordue
- Elle suit un régime strict, a perdu beaucoup de poids et la privation la rend euphorique
- Elle invente des prétextes pour ne pas passer à table
- Durant le repas, elle chipote, trie les aliments ou mastique interminablement
- Elle fait du sport, s'investit à fond dans sa scolarité, et pousse ses limites jusqu'à l'épuisement
- Elle devient agressive dès que l'on parle nourriture
- Ses règles disparaissent
- Elle choisit des vêtements amples pour masquer son corps...

QUAND S'INQUIÉTER ?

BOULIMIE

Face à un sentiment d'angoisse très fort, l'ado ressent le besoin irrépressible de manger, de se remplir d'aliments très caloriques pour s'apaiser :

- Elle engloutit de grosses quantités de nourriture
- Elle se fait vomir
- Elle abuse des laxatifs ou diurétiques
- Elle boit de grandes quantités d'eau
- Elle a le teint rouge, les yeux jaunes et larmoyants...

Vous avez identifié certains signaux d'alerte ?
Ne restez pas seul(e) avec votre inquiétude, demandez de l'aide à un spécialiste pour aider votre ado à apprivoiser son appétit de vivre !

« Le manger, c'est beaucoup plus que du manger, c'est de l'amour. » Jean-Marie Gourio

RENDEZ-VOUS

Le besoin d'activités extrascolaires et le désir de se sentir « maître » de son temps prennent le pas sur le sommeil de votre ado.
Vous constatez qu'il a des difficultés pour s'endormir et se lever.
Avant de lui proposer un bilan médical, vérifiez que vous êtes au clair avec quelques règles simples.

Vrai ou faux ?

1. Prendre un bain chaud avant le coucher aide à mieux dormir.
Vrai Faux

2. Boire un peu d'alcool ou fumer un joint favorisent l'endormissement.
Vrai Faux

3. Un dîner trop riche perturbe le sommeil.
Vrai Faux

4. Pratiquer une activité physique est bénéfique pour le sommeil.
Vrai Faux

5. Il suffit de dormir tard le week-end pour compenser une privation de sommeil.
Vrai Faux

6. Regarder la télé ou jouer sur l'ordinateur aident à se détendre et favorisent le sommeil.
Vrai Faux

AVEC MORPHÉE

« Le sommeil, c'est la moitié de la santé. »
Proverbe Breton

1. Faux. Certes la chaleur délasse, mais pour s'endormir il est essentiel de faire baisser la température corporelle. Mieux vaut une douche tiède !

2. Faux. Alcool et cannabis contribuent à déstructurer le sommeil. Si à faibles doses ils favorisent la somnolence, ils provoquent des réveils dans la seconde partie de la nuit, réduisent le sommeil paradoxal qui permet récupération mentale et mémorisation. Quant au tabac, il entraîne des difficultés d'endormissement et une somnolence matinale.

3. Vrai. Les graisses imposent un travail digestif qui entrave l'endormissement. Votre enfant a besoin d'une alimentation équilibrée pour avoir un sommeil de qualité.

4. Vrai et Faux. Faire du sport dans la journée aide à éliminer les tensions, mais après 19 h, cela favorise l'excitation. Privilégiez les activités relaxantes.

5. Vrai et Faux. Si une partie de la dette de sommeil est effacée, l'horloge biologique se dérègle. Mieux vaut un réveil vers 10h et une courte sieste l'après-midi.

6. Faux. la lumière des écrans bloque la sécrétion de mélatonine, l'hormone du sommeil.

LE TRIO ÉDUCATIF GAGNANT

UN OUTIL DE LA DISCIPLINE POSITIVE[2], LE TEMPS D'ECHANGE EN FAMILLE (TEF), OFFRE UNE BELLE OCCASION DE PRENDRE SOIN DU LIEN FAMILIAL. IL S'AGIT D'UNE RENCONTRE RÉGULIÈRE ET PLANIFIÉE, QUI COMPORTE PLUSIEURS ÉTAPES :

1. Commencez par un tour d'appréciations positives sur la vie en famille. Chacun peut exprimer sa gratitude et dire ce qu'il a apprécié dans le comportement des autres.
2. Continuez avec un suivi des solutions choisies lors du dernier TEF.
3. Abordez ensuite les points qui vous tiennent à cœur : les difficultés rencontrées, les projets ou envies que vous aimeriez voir se réaliser.
4. Faites-vous plaisir en planifiant des activités et sorties conviviales.

QUELQUES SUGGESTIONS POUR UN TEF EFFICACE :
Choisissez le bon moment et la juste durée. Instaurez la confiance par un démarrage et un bouclage positifs sur des questions non conflictuelles. Aidez-vous d'un ordre du jour et écoutez-vous respectueusement.

Pour une coopération bienveillante au sein de la famille, utilisez ce trio gagnant :

Échange

+ discussion pour la recherche de solutions

+ suivi.

[2] Jane Nelsen et Lynn Lott

Le meilleur moment pour cet échange serait

L'ordre du jour pour le prochain TEF pourrait être

« Les parents sont le cadre, et l'enfant la peinture. » François de Singly

ACCORD

Votre ado désire s'acheter un scooter ou partir en vacances avec un copain. Il souhaite en discuter avec vous pour obtenir votre accord. **CETTE NÉGOCIATION PEUT AVOIR UNE PRÉCIEUSE VALEUR ÉDUCATIVE.**
À condition d'avoir clarifié en amont les attentes de chacun et de suivre cette démarche :

1. Le jeune expose son projet, ses objectifs ou ses difficultés. Vous écoutez avec bienveillance et curiosité afin de comprendre son point de vue.

2. Vous partagez à votre tour votre vision des choses et vos objectifs.

3. Si les objectifs ou les attentes sont différents, optez pour une recherche de solutions. Créativité, humour et souplesse de négociation aident à mener à bien cette étape !

4. Une solution est choisie par les protagonistes et si possible testée pendant une période donnée.
L'accord doit être clair, contextualisé, et les délais précis (combien de temps, à quelle heure...).

EN VUE

Que faire en cas de non-respect de l'accord ?
Vous vous êtes mis d'accord sur l'utilisation d'Internet, mais vous surprenez votre ado en train de surfer sur les réseaux sociaux tard le soir.
Comment réagissez-vous et que lui dites-vous ?

1. Tu n'es vraiment pas responsable. Tu as un DST demain et tu es encore sur Facebook !

2. On s'était mis d'accord pour Internet, mais je comprends que tu sois fatigué par ta journée et que tu aies envie de te détendre.

3. Je m'aperçois que tu es encore connecté à minuit.
Quel était notre accord ?

Vous avez choisi l'option 3 ? Bravo !

L'ACCORD DOIT ÊTRE ASSORTI D'UN SUIVI CLAIR ET COHÉRENT POUR GARDER SA VALEUR ÉDUCATIVE, ET METTRE L'ADO FACE À SES RESPONSABILITÉS.
MAIS DEVENIR RESPONSABLE DE SOI, CELA DEMANDE DU TEMPS ET DE LA PATIENCE.
GARDEZ LE CAP DANS LA BONNE HUMEUR !

« Avec le temps, l'herbe devient du lait. » Proverbe chinois

LE TEMPS PARTAGÉ AVEC VOTRE ADO SE FAIT PLUS RARE. RAISON DE PLUS POUR EN FAIRE UN MOMENT DE QUALITÉ !

Ouvrez une « boîte à idées » complice ou faites un tour de table pour proposer des activités communes plaisantes. Notez toutes les idées qui fusent, sans les critiquer. Puis mettez-les aux voix.

Aller au cinéma, théâtre, concert ou à un match.

Partir en week-end à Londres, Barcelone, Berlin ou chez tante Berthe.

Tenir un stand au prochain vide-grenier pour financer l'achat d'un nouvel ordinateur.

Organiser le concours du cuisinier le plus créatif avec toute la tribu du cœur.

Regarder les photos de famille et raconter à tour de rôle les anecdotes qu'elles vous évoquent.

Partager une activité sportive, artistique ou caritative.

Programmer une fête costumée ou une soirée karaoké.

Utiliser les jeux de rôles pour trouver des solutions à une situation.

« Ce dont les enfants ont vraiment besoin sont les choses que souvent nous avons le plus de mal à leur donner :

MOMENTS COMPLICES

Faire un échange de compétences : maquillage contre cours informatique, massage contre initiation jeu vidéo...

Participer à un parcours aventure ou à une séance de paint-ball.

Réaliser un poster de la maison ou des vacances idéales.

Travailler moins, jouer et s'amuser plus ensemble...

du temps et de l'attention. » Carl Honoré

VOTRE CARNET DE NOTES

Et si c'était votre tour de recevoir une évaluation, celle de vos compétences de parent ? Imaginez ce que votre ado en pense et/ou complétez cette grille avec lui :

Prénom :	Trop dard (Génial)	Ambiancé (Motivé)	Bolos (Nul)
Disponible pour répondre à mes questions et dialoguer			
Écoute			
Respecte mon intimité			
Fixe des règles claires et les fait respecter			
Donne l'exemple			
Accepte ses erreurs et les miennes			
Me fait confiance			
Exprime ses émotions et ses besoins			
A le sens de l'humour			
Prend soin de lui			

Remarques :

____

____

____

MERCI !

Regardez comme vous avez grandi, vous aussi, au fil de cette escapade ! Laissez votre cœur rayonner et partagez votre gratitude…

Lettre à mon ado

Sur la pointe des pieds ou avec fracas,
tu me montres que le temps de l'envol approche…

Merci de m'avoir fait redécouvrir
que l'adolescence est aussi ce mouvement
plein de forces et de promesses,
un jaillissement de vie.

Merci d'avoir réveillé, pour que j'en prenne soin,
mes rêves et mes blessures d'ado cachés
sous mon oreiller.

Merci de me permettre d'être ce port d'attache
où venir te poser pour nous rappeler ce qu'il est
si facile d'oublier, la douce puissance de l'Amour !

« Il est temps de vivre la vie que tu t'es imaginée. » Henry James

Ado'thèque

Elisabeth Couzon, Françoise Dorn, **Être bien dans sa peau, Le cahier d'exercices,**
ESF éditeur, 2016

Françoise Dolto, **La cause des adolescents,**
Pocket, 2003

Françoise Dolto, Catherine Dolto, **Paroles pour adolescents ou le complexe du homard,**
Folio, 2007

Françoise Dorn, **Parents zen et enfants épanouis, Le cahier d'exercices,**
ESF éditeur, 2016

Jane Nelsen, Lynn Lott, **La discipline positive pour les adolescents,**
Marabout, 2015

Marie Rose Moro, **Les ados expliqués à leurs parents,**
Bayard, 2015

Marcel Rufo, **Votre ado,**
Marabout, 2013

www.francoise-dorn.com

« Le temps de lire, comme le temps d'aimer, dilate le temps de vivre. » **Daniel Pennac**